I USE MATH/USO LAS MATEMÁTICAS

I USE MATH ON A TRIP/ USO LAS MATEMÁTICAS EN UN VIAJE

Joanne Mattern

Reading consultant/Consultora de lectura: Susan Nations, M.Ed., author/literacy coach/consultant

WR WEEKLY READER
EARLY LEARNING LIBRARY

Please visit our web site at: www.earlyliteracy.cc
For a free color catalog describing Weekly Reader® Early Learning Library's list
of high-quality books, call 1-877-445-5824 (USA) or 1-800-387-3178 (Canada).
Weekly Reader® Early Learning Library's fax: (414) 336-0164.

Library of Congress Cataloging-in-Publication Data available upon request from publisher.
Fax (414) 336-0157 for the attention of the Publishing Records Department.

ISBN 0-8368-6004-7 (lib. bdg.)
ISBN 0-8368-6011-X (softcover)

This edition first published in 2006 by
Weekly Reader® Early Learning Library
A Member of the WRC Media Family of Companies
330 West Olive Street, Suite 100
Milwaukee, WI 53212 USA

Managing editor: Valerie J. Weber
Art direction: Tammy West
Cover design and page layout: Dave Kowalski
Photo research: Diane Laska-Swanke
Photographer: Gregg Andersen
Translators: Tatiana Acosta and Guillermo Gutiérrez

Printed in the United States of America

1 2 3 4 5 6 7 8 9 09 08 07 06 05

Note to Educators and Parents

Reading is such an exciting adventure for young children! They are beginning to integrate their oral language skills with written language. To encourage children along the path to early literacy, books must be colorful, engaging, and interesting; they should invite the young reader to explore both the print and the pictures.

I Use Math is a new series designed to help children read about using math in their everyday lives. In each book, young readers will explore a different activity and solve math problems along the way.

Each book is specially designed to support the young reader in the reading process. The familiar topics are appealing to young children and invite them to read and reread again and again. The full-color photographs and enhanced text further support the student during the reading process.

In addition to serving as wonderful picture books in schools, libraries, homes, and other places where children learn to love reading, these books are specifically intended to be read within an instructional guided reading group. This small group setting allows beginning readers to work with a fluent adult model as they make meaning from the text. After children develop fluency with the text and content, the book can be read independently. Children and adults alike will find these books supportive, engaging, and fun!

Nota para los maestros y los padres

¡Leer es una aventura tan emocionante para los niños pequeños! A esta edad están comenzando a integrar su manejo del lenguaje oral con el lenguaje escrito. Para animar a los niños en el camino de la lectura incipiente, los libros deben ser coloridos, estimulantes e interesantes; deben invitar a los jóvenes lectores a explorar la letra impresa y las ilustraciones.

Uso las matemáticas es una nueva colección diseñada para que los niños lean textos sobre el uso de las matemáticas en su vida diaria. En cada libro, los jóvenes lectores explorarán una actividad diferente y resolverán problemas de matemáticas. Cada libro está especialmente diseñado para ayudar a los jóvenes lectores en el proceso de lectura. Los temas familiares llaman la atención de los niños y los invitan a leer y releer una y otra vez. Las fotografías a todo color y el tamaño de la letra ayudan aún más al estudiante en el proceso de lectura.

Además de servir como maravillosos libros ilustrados en escuelas, bibliotecas, hogares y otros lugares donde los niños aprenden a amar la lectura, estos libros han sido especialmente concebidos para ser leídos en un grupo de lectura guiada. Este contexto permite que los lectores incipientes trabajen con un adulto que domina la lectura mientras van determinando el significado del texto. Una vez que los niños dominan el texto y el contenido, el libro puede ser leído de manera independiente. ¡Estos libros les resultarán útiles, estimulantes y divertidos a niños y a adultos por igual!

— Susan Nations, M.Ed., author, literacy coach,
and consultant in literacy development

I am going on a trip with my family.
We are going to visit Grandma.

- - - - - - - - - - - - - -

Voy de viaje con mi familia. Vamos
a visitar a la abuela.

How many people are standing outside the car?

¿Cuántas personas están fuera del auto?

Dad shows us the highways on a map.
We have to drive a long way.

- - - - - - - - - - - - - - - - - -

Papá nos muestra las autopistas en un mapa. Tenemos que manejar mucho rato.

The family will drive 35 miles on a highway near the ocean. Then they have to drive 45 miles on a highway through the mountains. Which part of the trip is longer?

La familia manejará 35 millas en una autopista junto al mar. Después, tiene que manejar 45 millas en una autopista que atraviesa las montañas. ¿Qué parte del viaje es más larga?

We are on our way! Mom says the whole trip will take three hours.

- - - - - - - - - - - - - - - -

¡Ya vamos de camino! Mamá dice que el viaje durará tres horas.

If the family leaves at 11:00, what time will they get to Grandma's?

Si la familia sale a las 11:00, ¿a qué hora llegará a casa de la abuela?

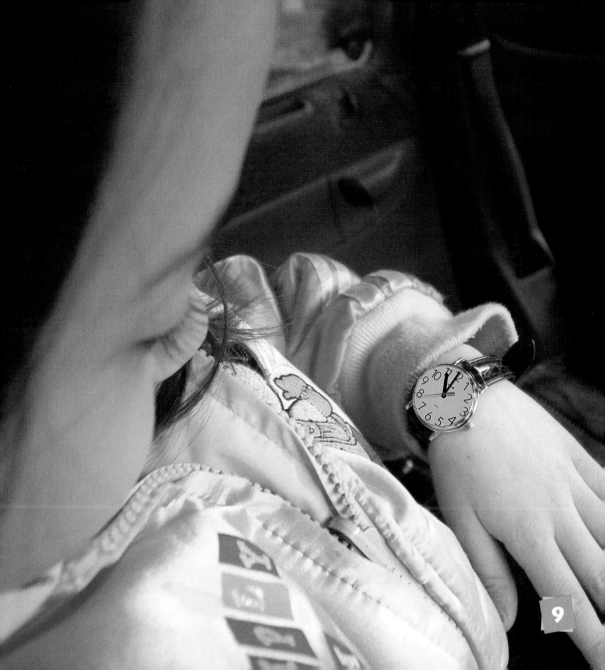

We count road signs as we drive along.
I like this game!

Mientras manejamos, vamos contando las
señales de tráfico. ¡Me gusta este juego!

I count ten signs. My brother counts twelve signs.
How many signs did we count together?

Yo conté diez señales. Mi hermano contó doce señales.
¿Cuántas señales contamos entre los dos?

We stop for lunch at a nice restaurant halfway there. I am glad to get out of the car!

- - - - - - - - - - - - - - - - - -

Paramos a comer en un buen restaurante a mitad de camino. ¡Estoy contenta de salir del auto!

The trip is eighty miles long. If the family stops halfway through the trip, how many miles have they gone?

Es un viaje de ochenta millas. Si la familia hace una parada a mitad de camino, ¿cuántas millas han manejado hasta entonces?

13

Look! A train! We stop to let it pass.

- - - - - - - - - - - - - - - - -

¡Mira! ¡Un tren! Nos detenemos para que pase.

What color is the train car on the left?

¿De qué color es el vagón de la izquierda?

15

The train is gone. We are on our
way again.

- - - - - - - - - - - - - - -

El tren ya ha pasado. Nos volvemos
a poner en marcha.

Which is longer, a train or a car?
¿Qué es más largo, un tren o un auto?

17

We have been driving for three hours.
Mom says we are almost there.

- - - - - - - - - - - - - - - -

Hace tres horas que manejamos.
Mamá dice que ya estamos llegando.

What time is it now?

¿Qué hora es?

18

We are here! Hello, Grandma!
We had a good trip.

- - - - - - - - - - - - - -

¡Hemos llegado! ¡Hola, abuela!
Tuvimos un buen viaje.

How many people are outside?
¿Cuántas personas hay fuera de la casa?

Glossary

driving — to travel in a car

highways — large main roads

map — a plan of an area

restaurant — a place that sells and serves meals

visit — to go see people or places

Glosario

autopistas — carreteras grandes

manejar — llevar un auto

mapa — plano de una zona

restaurante — lugar donde se sirven comidas

visitar — ir a ver un lugar o a una persona

Answers

Page 4 – 3
Page 6 – the drive through the mountains
Page 8 – 2:00
Page 10 – 22
Page 12 – 40
Page 14 – red
Page 16 – a train
Page 18 – 2:00
Page 20 – 5

Respuestas

Página 4 – 3
Página 6 – el camino que atraviesa las montañas
Página 8 – a las 2:00
Página 10 – 22
Página 12 – 40
Página 14 – rojo
Página 16 – un tren
Página 18 – las 2:00
Página 20 – 5

For More Information/Más información

Books

Math in the Car. Welcome Books: Math in My World (series). William Amato (Children's Press)

Number Lines: How Far to the Car? Math Monsters (series). John Burstein (Weekly Reader® Early Learning Library)

Libros

En carro. Going Places (series). Susan Ashley (Weekly Reader® Early Learning Library)

Soy buena para las matemáticas. Eileen M. Day (Heinemann Library)

Websites

Activities for Kids: Car Games
www.activitiesfor kids.com/travel/travel_games.htm
Find lots of fun travel games on this Web site.

Index

brothers 10
cars 4, 12, 14, 16
colors 14
counting 4, 10
Dad 6, 7
families 4, 6, 8, 12, 20
grandmas 4, 20
highways 6
maps 7
miles 6, 12
Mom 8, 18
time 8, 18

Índice

abuelas 4, 20
autopistas 6
autos 4, 12, 14, 16
colores 14
contar 4, 10
familias 4, 6, 8, 12, 20
hermanos 10
hora 8, 18
mamá 8, 18
mapas 7
millas 6, 12
papá 6, 7

About the Author

Joanne Mattern is the author of more than 130 books for children. Her favorite subjects are animals, history, sports, and biography. Joanne lives in New York State with her husband, three young daughters, and three crazy cats.

Información sobre la autora

Joanne Mattern ha escrito más de 130 libros para niños. Sus temas favoritos son los animales, la historia, los deportes y las biografías. Joanne vive en el estado de Nueva York con su esposo, sus tres hijas pequeñas y tres gatos juguetones.